OTRA VEZ
LA POESÍA

SONΛMBULOS
— EDICIONES —

OTRA VEZ LA POESÍA
Colección MACASAR

Primera edición: mayo de 2024

© De los poemas ¬ José Luis López Bretones
© Fotografía de portada ¬ Pilar Guerrero Jerez
© Diseño de la colección ¬ Daniel Fajardo
© SONÁMBULOS Ediciones

www.sonambulosediciones.com

ISBN: 978-84-127065-8-1
Depósito legal: GR 242-2024

Impreso en España

OTRA VEZ
LA POESÍA

JOSÉ LUIS **LÓPEZ BRETONES**

MACⱯSAR
COLECCIÓN

A Montse

Era otra vez la vida
Luis Cernuda

1. OTRA VEZ

OTRA VEZ LA POESÍA

¿De dónde viene el viento
que nos arrastra a las palabras?

Cuando pensábamos que todo
estaba ya por fin acomodado en su sentido,
¿qué turbulencia, en medio del mar de nuestra vida,
pretende ahora sumergirnos
en el extenuado hondón de las palabras?

Parece como si nunca hubiésemos reconocido
el viciado metal de esa moneda
que entregamos en rescate a nuestra muerte,
como si no supiéramos que a cada cosa escrita
le aguarda un olvido mayor que nuestros años.

Y sin embargo el estremecimiento permanece,
el combate se reanuda,
el viejo esfuerzo por dominar la vibración del aire
y moldear con el sonido un ídolo
que nos procure en vano algún sosiego.

Allá donde la vida nos reclama
un mínimo espacio para el remordimiento
vuelve a plantar de nuevo
sus desastrosas tiendas la poesía.

LA LECTURA

Quise saber de mí y abrí un libro
de esos que cuentan en sílabas contadas
los anhelos deshechos y el tiempo que ha pasado
desde la noche en que tal vez los concebimos.

De nada sirvió. Sólo eran palabras
leídas en silencio por alguien que se preguntaba
en qué gastó, y por qué, su vida.

¿De dónde viene esta disposición
por rebuscar en páginas ajenas
acomodo y razón para las propias faltas?

Miré por la ventana los días ignorados,
los de ayer, que no parece ya que los vivimos,
y los que han de venir, igual de oscuros.

Al salir, aquel libro quedó sobre la mesa
mientras la luna iba extendiendo
una colcha de luz sobre sus páginas.

NADA IMPORTANTE

No hacer nada importante
ni construir ninguna cosa intensa,
exacta o duradera.

Dejar pasar los días y los días
sin haber realizado otro ejercicio
de mayor eficacia que el de malvivirlos.

Entregarse a los vanos simulacros
en que consiste, dicen, y es verdad,
la vida.
      Incluso esta labor estéril
de revolver con un palo astillado
el fondo de latón de las palabras
te ahonda todavía más en la certeza
de estar hurtando al júbilo su hora.

¿Y el amor, basta con eso? Acaso
acude a la memoria
la insólita bondad de sus placeres.
Y ha de ser suficiente, dices,
con el gesto de quien siempre ha esperado
aún más de todo eso.

No construir ninguna cosa intensa
ni haber desarrollado un sueño duradero,
y sin embargo estar aquí, iluminando
la inútil persistencia de este instante.

LA MIRADA Y LAS PALABRAS

Antes que las palabras, tan próximas
al tráfico falaz de los ensueños,
está extendida la mirada.

La mirada se cambia por un mundo
y en él queremos ver un orden,
hallar su claro fundamento
y explicarlo:
acomodar así cada elemento de nuestro contorno
a una voluntad de sentido.

Es el tiempo entonces del discurso,
del recitativo cojitranco
que intenta administrar
el poso circular de lo mirado:
el tiempo en que inauguran las palabras
el juego de nombrar lo que se ignora.

Más justo y más hermoso
resulta contemplar la luz cambiante
en que consisten nuestros días.
Y comprender

después de muchos titubeos
que todo estaba dicho ya desde el principio.

Que a cada paso nos aproximamos más
al primordial silencio que adivinamos desde lejos
y al que no llegan —ni acertarán a llegar nunca—
estas palabras, o ningunas.

LO QUE NUNCA HE SABIDO

Y sin embargo no he expresado aún
lo que quería. El tiempo huye
y en cada uno de sus recovecos
nace la posibilidad, siempre truncada,
de poder explicar con eficacia
lo que nunca he sabido.
                              Y sin embargo
reconocemos cada vez más todo
lo que la vida va poniendo a nuestro lado:
en todo saboreamos un licor ya consumido,
creemos escuchar la misma melodía
a todos los intérpretes y en todos los salones,
no importa quién, ni mucho menos cuándo:
es la hora en que el mundo ha sido ya tasado.

¿Cómo es entonces que no haya podido
decir como quisiera
lo más sencillo y sabio y recurrente?

Se ajustan las palabras mejor a estas preguntas
que a confortar a quien ya ha demostrado
su asidua tosquedad al emplearlas.

RECUERDA

De todo cuanto hablamos
es preciso tener una memoria.
Al cabo, no cayeron tantos días
como una vez creímos
del lado codicioso del olvido.

Incluso al escoger unas palabras
que logren dar sentido
a alguna voluntad ajena o aplazada
no alzamos otra cosa que un recuerdo.

Lo que tocamos como fruto
siempre será fruto,
por más que alguna vez nos lamentemos
de todas las perdidas primaveras.

NOCTURNO EN TAMARIU

Todo lo que a la luz aspira, cumple
sus desoladas bodas con la noche.

He bajado a la playa, donde la sombra aguarda
con su aroma aún dormido
en el duro regazo de las rocas.

El solitario mar de música inaudita,
al final del lenguaje, y al comienzo
de lo que no consigue ser nombrado.

FALLS THE SHADOW

Alguien que no soy yo escribe estas palabras
frente a un cristal que me refleja.
¿Quién, si no, toma mi propia mano
y esparce símbolos y pausas
por la pantalla azul
sin que yo nada previo le haya dicho?

Nada más lejos de mí —del que yo creo ser—
que estas líneas con tiempo y con sonido
a las que luego, por costumbre,
les daré mi propio nombre.

¿Qué retrato dibujan las palabras?

En ese negro espacio
que va desde mí mismo a quien escribe
es donde me oculto.

2. EL TELAR

EL TELAR

De la recuperada luz de antaño
emergen unas sombras anteriores:
los restos malvividos o pendientes
de alguna antigua plenitud.
                              Y no sabemos
de qué resquicios de la noche surgen
esos vanos rescoldos discontinuos
que brillan con la intensidad amortiguada
de una voz que suena en las colinas.

¿Y tú, que al menos has vivido
momentos memorables, que ahora flotan
a la deriva como pecios inconscientes
de una más inconsciente juventud?
Dime, ¿soy yo quien recuerda,
o soy el recuerdo anticipado
de esa sombra que sueña en años por venir?

De la fragilidad del tiempo brota un tiempo
perplejo, enmarañado, inconsecuente,
que desbarata en algún punto
la exacta maquinaria de la vida
y deja, aquí y allá, pequeños hilos atrapados
en el descoyuntado telar de la memoria.

CONFESIONES

Si no me lo preguntan sé sin duda lo que es,
pero si quiero explicárselo a alguien
—leí hace tantos años—
lo desconozco por completo.
Y así, esto que a mis ojos de entonces
parecía una ociosa paradoja,
ha ido cobrando más y más sentido
hasta llegar a resultar desconcertante.

Igual que en el amor no son las causas
lo que medimos tanto como sus efectos,
el tiempo tiene una manera extraña
de irse revelando: las desapariciones,
un alrededor menos reconocible,
lo que continuamente va menguando
sin que sepamos bien a dónde va
aquello que se pierde, aquello que a la postre
va muriendo también
como una débil luz, *in interiore homine.*

(San Agustín, *Confesiones*, lib. XI)

NO NOS DETERIORA EL TIEMPO

No nos deteriora el tiempo,
sino el contacto con los otros:
son ellos quienes acarrean
los rebosantes capazos de tiempo
que nos estaban destinados desde siempre.

Ellos, los otros, que están cerca
o pasan a tu lado, y nos tratan, y entregan
a cambio de una breve dicha
un tiempo que no vuelve,
y dejan tras de sí, aunque regresen,
el frágil aroma de las oportunidades.

Son ellos quienes vuelcan sobre nosotros
esa ceniza azul y silenciosa
de la que irá brotando, día tras día,
la fatigada flor de la experiencia.

DER KESSEL

No hicimos nunca aquello que debimos
y ahora los minutos se convierten
en dardos que hostigan tu recinto
y te acusan de no hacer lo que debías.

Abandonan las horas sus esferas,
abandonan los días sus cuadrículas
y persistimos en el mismo punto
escudados tan sólo en nuestro hastío.

¿Por qué no acuden nunca los refuerzos
que organizó el acaso en falsos mapas?
Y antes aun, ¿por qué no hicimos nunca
—aunque de nada cierto nos sirviera—
aquello que una vez nos propusieron?

Mira tu puesto rodeado
de cráteres y pozos que atestiguan
la intensidad sin tregua del asedio.

Desconozco hacia dónde vuela el tiempo,
pero por no emprender lo que debimos
arroja sobre nuestras posiciones
su densa carga de instantes vacíos.

CUANDO A TU CORAZÓN VUELVA LA CULPA

Cuando a tu corazón vuelva la culpa
acógela y no digas nuevamente
que no sabes el modo de ahuyentarla.

No afirmes que te asalta de improviso
como un perro emboscado en la espesura,
o que deja caer sobre tu alma
una losa de tiempo y de pereza.

No lamentes, como otras tantas veces,
su dentellada fuerte y repentina,
y que ya no creías merecerla,
y que te deja inmóvil y asombrado.

Cuando a tu corazón vuelva la culpa
no la escuches y apúrala en silencio,
porque si le das forma o la descifras
justificas en vano su insistencia.

EL SITIO QUE NOS LLAMA

Si no hemos ido aún, de qué nos sirve
soñar con ese sitio que nos llama,
con esa meta que palpita siempre
en el rincón más vano de nuestro deseo.

Si no hemos ido aún, cómo tenemos
recuerdo de ese espacio inexplorado,
y cómo es que, sin darle ni siquiera un nombre,
fantaseamos con su cielo y sus bondades.

No existe ese lugar, ni sus caminos
nos fueron nunca señalados: nunca
hemos visto la rosa de sus vientos,
y aunque nos describieran aquella ruta o esta
no sabríamos luego cómo continuarla.

Así que aquí seguimos, detenidos
por el tósigo del aturdimiento,
por el veneno azul de la pereza
y el estupefaciente del hastío.

Si alguna vez arrojamos a un lado
el papel arrugado de esos sueños
y emprendemos finalmente nuestro viaje,
comprenderíamos en el trayecto
que cada vez está más lejos aquel sitio.

LAS BRASAS

Después de haber nacido, nadie
me advirtió que un día tendríais que morir.

Pero si escribo ahora, si esta tarde,
después de reunir asombro suficiente,
me he parado a escuchar vuestro crujido,
vuestra crepitación insospechada,
qué otra cosa significa
sino que nunca verdaderamente
habíais desaparecido.

El fuego que creímos sofocado
esconde brasas
que aún dibujan fibras rojas en mi frente.

UNA NOTA

Este sonido sube, ha subido ahora,
inesperadamente
hasta mi habitación:
la nota aislada de un piano negro.

Ningún otro compás la precedía.

No sé qué nota es, no logro distinguirla
aunque sonara tan cercana
y lo amparase todo de repente
en un fervor tranquilo
de agua o de madera.

Un sonido moldeado por una sola nota.

Una gota de música que sigue resbalando
imperceptiblemente
por el cristal curvado y transparente
de la memoria
            o de la vida.

DE TODO CUANTO CAE AL CORAZÓN

De todo cuanto cae al corazón,
¿quién llevará la cuenta? No sabemos
qué flor germinará mañana
cubriendo su mantillo
de una tonalidad desconocida.

Acaso aquella vez, aquella voz,
aquel camino promisorio
que se agotó sin más, o que quizá
ya no nos atrevimos a seguir recorriendo,
regresan sin aviso
para desbaratarnos la tasa y la medida.

Y así nos conocemos. Y así desordenamos
sin haberlo querido, nuestra vida.

Y no hacemos otra cosa
que parar en un punto a preguntarle
al corazón por nuestras cuentas: esas
que muy de tarde en tarde nos rendimos
para aclarar por un momento la conciencia.

De todo cuanto cae al corazón,
¿quién llevará la cuenta?
                         No sabemos
de qué semilla brotará después
algún provecho inesperado.

3. CUANDO LLEGÓ LA TARDE

TUVE UN SUEÑO

Tuve un sueño y fue verdad un día.
Voló de mí al pasado, donde viven
las sombras de los sueños que no reconocimos.
Y ahora, al despertar, ando perdido
buscando recobrar aquel sueño que tuve
y sólo hallo ceniza, temor, aire vacío.

MECÁNICA DEL SUEÑO

Hay más verdad en los sueños
que en cualquier otro tramo de la vida,
por más que varíen los rostros
y atribuyamos unos hechos
a seres diferentes
de quienes en verdad los protagonizaron.

Por más que una ventana que da a una calle sórdida
descubra a oscuras un paisaje alado,
o una orilla bronca encarne sin motivo
la miel apaciguada de un prado en el otoño,
hay más verdad a veces en los sueños
que en cualquier otro objeto seguro y conocido.

¿Qué ley es esta que secretamente
nos susurra cosas semejantes
en el vuelapluma de una hora ajena
a las tercas ordenanzas de los días?

Ceden las esclusas de la noche
y un agua inmemorial y equívoca
nos inunda por dentro.
Hasta que vuelve a trabajar de nuevo
el mecanismo que cierra otro amanecer.

UN HOMBRE Y UNA MUJER

Lui, le jamais dit.
Elle, le dire différé.
Edmond Jabès

Mirar a un hombre es suponer
hacia qué zona más allá
de su brumoso corazón avanza.

Mirar a una mujer es intuir
los pasos que va dando hacia sí misma.

Él mira y quiere deshacerse
de los obstáculos que estorban su camino.

Ella contempla el recorrido y ve un espejo
que le ofrece signos cada vez más minuciosos.

Un camino que va, murmura el hombre.
Un sendero que regresa, se dice la mujer.

El mundo es un inmenso bosque,
no de símbolos, sino de pesadumbres,
que uno intenta atravesar sin detenerse
y aquella otra quiere conocer
para encontrarse.

NUESTRA VIDA JAMÁS REGRESARÁ

Nuestra vida jamás regresará.
Se aleja lentamente como un buque
que enfila la bocana de otro puerto
y va pacientemente desapareciendo
hacia la línea azul del horizonte.

En sus bodegas va la carga
de todas las jornadas nuestras
en las que ahora vemos,
después de muchos desaciertos,
de muchas singladuras confundidas,
que tal vez fuimos venturosos.

Y aquí, en el puerto,
junto a la escalinata de piedra
y la canción enmudecida de las grúas,
nos despedimos en silencio, contemplando
cómo un barco cargado y sigiloso
vira y deja atrás el espigón y el faro,
y van borrándose con él los rostros
que asomaron un instante desde la cubierta.

Y nosotros mismos también vamos borrándonos,
desapareciéndonos,
para que sólo quede el mar,
la extensión del mar sin huellas,
los muelles despoblados y la escalinata vacía,
desde donde antes que tú y que yo,
desde el principio y para siempre,
otras gentes extrañas
cumplieron con el rito de la despedida.

CANCIÓN DE LA DISTANCIA

La distancia lo contiene todo,
acaso como el alma,
pues solamente en nuestra alma
parece dibujada con justeza la distancia.

Entre dos que están juntos
no hay habitación para el misterio:
eso que lo contiene todo, pues no acaba
dando muestras de nada definido.

La distancia es no saber en realidad
qué hay entre tú y yo,
y en esa falta de elementos
el alma ansiosamente se establece.

Así el alma, el silencio, la distancia
evocan un vacío que contiene el rumbo
confuso y desdichado de los hombres.

DE PRONTO VI A UNA MUJER

...per che si fa gentil ciò ch'ella mira
Dante, *Vita Nuova*, XXI

De pronto vi a una mujer que todo lo miraba
porque sus ojos eran el lugar
en donde el mundo entero se reunía.

La noche avanzaba poco a poco
atraída por el cerco azul
de aquel silencio repetido
y allí giraba equitativamente
todo lo que la noche ofrece en su encendida esfera.

Cómo decir que no era yo quien la miraba
sino que formaba parte de las cosas
que sus ojos veían.

De pronto vi a una mujer
que dejaba caer sobre sus ojos
el peso inexplicable de la noche,
y ella era la noche, y todo lo demás
estaba allí aguardando a que ella lo mirase.

LAS GOTAS

Las gotas de una lluvia que han caído
sobre el dorso caliente de tu mano
en el invierno húmedo de la ciudad
parecen gotas que vinieron
no del cielo plomizo de la tarde
sino del mar tan próximo a tus ojos.

Es como si también guardasen esa cualidad
salada y transparente de las lágrimas,
su mismo peso redondo e inconsolable,
su líquida obediencia,
ahora que ya no existen tus sueños de otros años,
ahora que ya no existen más los sueños.

Y que tu mano acepta las gotas de una lluvia
que parecen venir de más allá del cielo,
que parecen venir del mar o de tus ojos,
del agua más profunda de la tarde.

SEÑALES

¿Qué hemos venido a hacer aquí?, preguntas
mientras la tarde de verano cae
por detrás de los árboles
como una fruta escondida entre las ramas
que el aire meciera despacio
para dejarla madurar.

Estando solos, parecía
que el mundo iba rodando hacia la noche
sin dejar de haber luz,
como si fuese la primera vez.

¿Ir, hacer, aquí? Nunca
sonaron tan vacías las palabras,
ni fue tan nítido y preciso
el crujido fortuito de unos pasos.

La falta de propósito fue sólo una manera
de descubrirte ahora esta felicidad.

CUANDO LLEGÓ LA TARDE

What else have I to spur me into song?
W. B. Yeats

Todo lo habéis dicho mejor que yo, amigos.
¿Qué voluntad me lleva entonces
a retomar asuntos en los que ya no creo?

Y sin embargo aún existe una razón
que me conmueve, un argumento
que me puede llevar hasta el papel
para reunir palabras en un trenzado esfuerzo,
mientras que todo lo demás aguarda ahí afuera.

Ningún convencimiento, ninguna fe,
ni la defensa de nada propio, verdadero o justo
valen lo que tu amor por mí. Este amor
que descubrí de pronto cuando llegó la tarde.

4. LAS MORADAS

LA CASA

LA CASA VINO A MÍ

La casa vino a mí, no entré yo en ella.
Llamaba desde lejos
en la desarbolada mañana de diciembre
con una voz secreta y discurrida
en la maraña de los años ya enterrados.

Confusas eran sus palabras
pero seguía ahí, tendiéndome el rumor
de la pasada vida
que una vez abrazaron sus pálidas paredes
y que el techo cubrió como el tablón de un pozo.

Al acercarse más, sus puertas
inconcebibles se entreabrieron.

La casa vino a mí, llegó a mi lado.
Y siempre supe quién saldría a recibirme.

NUESTRA CASA

No sé cómo vinimos a parar
a esta casa tortuosa, bendecida
no obstante por un grato apartamiento
de toda vecindad indeseada.

En su favor también apunto que los muros
eran blancos y gruesos, muy poco favorables
a las filtraciones de la superchería.
Quizá por eso eran antiguos.
Los rudos acabados
y la frugal disposición de las habitaciones
eran señas de un ámbito propicio
en donde cobijar nuestra desgana.

La casa consistía en nuestra alma,
sus tapias soportaban idéntica intemperie.
Pero adentro, en un círculo de luz
que nadie mira, tosco como un grumo
caliente de cebada, alienta lo que somos,
persiste simplemente nuestra vida,
y es grato preservarla bajo el techo
sin que pueda aventarla ningún soplo.

Afuera continúa lo que ya no queremos,
los añicos de unas cuantas certezas
entregadas a los trasiegos de la venalidad,
mientras que aquí, sumada a la techumbre
sin barniz, a las losas que pandean
y a la madera mal cerrada de los vanos,
el mundo entero se reúne con nosotros
y celebra sus bodas principales
en nuestra frágil y callada compañía.

EL LUJO

Es un pequeño lujo esta quietud distante
que se hace aire y vuela
sobre la multitud de lo creado.

El sol se filtra en láminas doradas
por entre las persianas de la habitación
y permanece fresca como un pozo
en donde se alojara el agua no agitada
de un tiempo sucedido.

La luz de tarde de la sierra altiva
entra por el balcón, y alguna fuente
oculta deja oír su gotear sereno
bajo esta tierra seca.

Es un lujo sin nombre
saberse acogido en una casa
plantada sobre piedras hace tanto
que ya nadie recuerda.
                              Y arriba sólo el cielo
dictando al tránsito de las semanas
los matices del viento y el perfume

de todo lo que crece en las laderas
en matices casi inadvertidos.

Un lujo he dicho, solitario.

No son ya compañeros lo que busco
sino el compás del corazón con estas cosas
que nunca como ahora fueron mías.

NO QUISE

Hace frío en la casa donde vivo,
tiene paredes delgadas y el techo
no es de material seguro. Llueve
y la humedad cala por dentro y llega
hasta la habitación más escondida.
Salgo a la calle algunas veces
y el frío y la humedad persisten,
y la ropa que llevo no logra amortiguar
la vieja sensación de desabrigo.

A mi lado caminan otros hombres
que aprendieron muy bien cómo afrontar
todas las inclemencias. Y que saben
que al llamar a su puerta por la noche
encontrarán el encendido hogar dispuesto
y, junto a él, la rosa ardiente de la dicha.
No así mi puerta, mi casa, ni mi atuendo.
Nunca quise halagar a quien desprecio
y desde entonces sufro este destino.

ALGUIEN QUE ESPERA

Hay alguien esperándote en la casa.
Está sentado en una habitación
y mira, mientras fuma, las paredes
que lo rodean, blancas y desnudas.
Lleva así mucho tiempo y en sus ojos
nada hay que deje adivinar de cierto
ni la intención ni voluntad alguna.
Tan sólo mira sin mirar y fuma
y espera hasta que llegues a la casa.
¿Qué abismo hay en sus ojos? La paciencia,
como cualquier virtud, si es excesiva,
puede llegar también a ser monstruosa.
Tan sólo está esperándote. Lo sabes.
Es una habitación vacía y blanca.
Y alguna vez tendrás que abrir la puerta.

CIUDAD DEL SOL

EL SOL EN LAS MURALLAS

Detrás de sus perfectos muros, una ciudad
antigua y mentecata me retiene.
Son invisibles, pues fueron derruidos
hace ya muchos años, y sus restos
ni siquiera sirvieron para otras construcciones.

Esas murallas frente a la rutina
de un mar con tantos siglos
han dejado su marca irremediable
sobre el salitre de los corazones:
también ellos se acogen a un latido
menguado, regular, sin grandes sacudidas.

Pero sigue volando el sol allá en lo alto
y pienso que es su luz la que me asombra,
la que me hace estar aquí, paralizado
en las torpes regiones del aturdimiento.

Como esos animales en medio del camino
que ni siquiera tratan de escapar
antes de que las luces y el estruendo
les pasen, sin remedio, por encima.

CIUDAD DEL SOL

La luz desesperada y repetida,
la luz que se difunde sin estorbos
y rueda sobre el mar y choca contra el centro
de los terrosos montes y sillares,
y viene alegre hasta tus manos
como un pájaro dócil y cebado
tiene aquí, sin embargo, la desdicha
de hallar a sus intérpretes más torpes.

Aquellos que se hinchan y la muestran
como si acaso les perteneciera,
aquellos otros que la malbaratan
a cambio de un puñado de palabras,
o aquellos, aún peores,
que dicen ser parte de ella
y creen flotar en sus ondulaciones.

La luz no los conoce,
ni a ellos ni a ningún otro paseante:
no sabe nada de nosotros
ni atiende a nuestras imaginerías.
¿Acaso no se da gratuitamente?

No los conoce. Y sólo recogemos
signos que puedan defendernos
de nuestra propia sombra extensa y presentida.

MURALLA DE LA ALCAZABA

Esta muralla cierra la ciudad
como una cremallera
que uniera y separase
imperceptiblemente
las alas mal seguras
del ángel de la historia.

LAS VENTANAS ABIERTAS

Es el verano que abre las ventanas
y deja que haya días
en que llega hasta aquí la discontinua
sirena de los barcos. Ululan en el puerto
avisando tal vez de su partida
e imaginamos luego su estricta mercancía:
el sol alto en las grúas, la bandada
de gaviotas rondando por los mástiles,
los cabos serpenteantes sobre el puente descubierto,
la herrumbre y el salitre en la obra viva.

Pero nosotros, ¿qué sabemos de esto,
de la resignación o de la indiferencia
con la que abre el mar la proa de las naves?
Hemos paseado muchas veces
junto a los muelles y las aduanas
y siempre nos amedrentaba el pensamiento
de una mar ancha, brava y vacía,
de un horizonte sin relieves
y de un suelo de planchas sobre el que nada crece.

Sí, es fácil y antigua toda esta alegoría.
Estaban abiertas las ventanas
y oí a lo lejos la sirena
de un barco, no sé adónde, que se va.

VUELVE OTRA VEZ LA LLUVIA

Vuelve otra vez la lluvia vigorosa,
la que golpea con gotas gruesas y no sacia,
el ruido de una lluvia de septiembre
que sólo trae calor, adversidad y barro.

Vuelve la lluvia envuelta en la tormenta
escondida, a su vez, entre la noche:
una tormenta densa, innecesaria y breve,
llena de furia y de sonido
igual que un rapto de rencor tardío.

La lluvia que antes de caer se anuncia
con un zarpazo seco en las ventanas
y un flaco aullido que hace huir al sueño.

Llueve de pronto en la ciudad vacía
y el viento de la noche, desordenado y bronco,
ensucia de agua turbia las ramblas y las calles.

Afuera, con el peso exacto del recuerdo,
cae la lluvia. Un agua estéril de septiembre
para la que no hay cobijo alguno.

5. EL INDIFERENTE

PARVA NATURALIA

Naturaleza a sí misma entregada
Lucrecio, *De rerum natura*, lib. V

Nada nos indica que el sol está sonriendo
o que la luna vierte su melaza helada
sobre el mendrugo áspero de nuestra soledad.
El bosque no está ahí para acogernos
ni su centro es morada de ningún dios sombrío,
ni las nubes que campan por la comba elástica del cielo
son un vago trasunto de los días
que pasan y se van.
El mar no es infinito, la noche no es el alma,
no hay horas en la arena,
ni las bestias que vuelan, corren o se arrastran
jamás fueron criadas a nuestro servicio.
El fuego no tiene apetito,
ni el sauce llora, ni el crepúsculo es sangriento.
No es pura la naturaleza, ni un libro sagrado,
ni una selva de símbolos, ni una metáfora continua.
No sé qué cosas os han dicho.
Yo sólo veo un reino de ciega indiferencia
frente al que siempre ha sido preciso batallar.

EN EL CAMINO

Ese lugar con el que nos topamos siempre
después de sortear los pasadizos,
los recodos, los fuertes y fronteras
que imaginábamos en el origen
sugestivos y amenos.

Ese lugar que ya nos cansó antes
y al que pusimos rumbo nuevamente
creyendo que esta vez era distinto
tan sólo porque era diferente
la ruta que escogimos.

Ese lugar que nos aguarda imperturbable,
indefectiblemente,
como una maldición piadosa.
Que sigue siendo el mismo
aunque parezca a nuestro alrededor
que hayan variado los paisajes,
y al que llegamos una vez y otra
por caminos que creíamos
que nos iban desviando de él.

El lugar del que no podremos escapar nunca
porque es nuestra su pálida materia
y su más funesto fundamento,
y al que hemos convenido, por costumbre,
en darle el nombre de alma humana.

LA PIEL

Sólo cuenta la piel
Curzio Malaparte

Sólo luchamos por salvar la piel,
esta clara película palpable
que envuelve tenuemente el cuerpo y lo separa
—no siempre con igual fortuna—
del mundo y de otras vidas y otros cuerpos.

Debemos procurar beneficiarla
porque ella nos proclama y nos presenta
ante la piel de los demás, de quienes
en demasiadas ocasiones
desconocemos la intención certera,
ni si será caricia o golpe seco
lo que recibiremos de improviso
a cambio de exponerla cada día.

A veces da placer, a veces daña
o toma consistencia de delirio.

Por ella conocemos las ideas
y absorbemos aquello que el mundo nos ofrece
en sus facetas infinitas
de sangre, de sudor, de lágrimas, de gozo.

Aquí estamos tan sólo para eso.

De su profundidad nos advertía
con sabia paradoja Valéry.
Y algo escribió también
en páginas violentas Malaparte,
el viejo y tornadizo camaleón.

JUEGO DE ESPEJOS

Tendemos a explicarnos. Dejémosle por tanto
que hable cuanto quiera. Es oro puro
para nuestras confusas intenciones.
Y pues emplea las palabras justas
que inversamente sirven a su empresa,
como sirven los días de más luz
al incremento de la sombra última,
tal vez en ese juego reflexivo
hallemos finalmente nuestro impulso.
El más claro perfil de lo que somos,
de lo que acabaremos siendo
si no hay otro remedio,
se lo tendremos que deber entonces
a la banalidad locuaz de esa caterva.

ESTRELLAS ERRANTES

He visto al hombre más afortunado
sonreírle a sus amos sucesivos,
he visto el llanto de la más hermosa
en medio de una ronda complaciente,
y a aquel otro, seguro, firme, alerta,
lleno de afán el paso y la mirada,
gemir al otro lado del tabique.
He reparado muchas veces en cómo alguien,
famoso y estimado entre su gente,
rodaba por el suelo del olvido
tan sólo al día siguiente de su ausencia.
Otros más jóvenes que yo hace tiempo
que abandonaron de una forma absurda
esta escenografía banal de luces falsas.
No obstante, nada de eso me consuela.
No he venido a vivir vidas ajenas:
mi suerte es sólo mía, y no le incumbe
el rastro de una estrella diferente.

AEROTRANSPORTADA

Y ahora henos aquí, desorientados
en un campo que no reconocemos.
Fuimos lanzados demasiado tarde
o demasiado pronto, y no sabemos
cuál es la posición en que caímos.
El páramo ha mojado nuestras armas
y no todos llevamos una brújula.
Es además de noche, y cualquier ruido
juega a su antojo con nuestro pavor
acrecentando más la incertidumbre.
Así que preferimos no movernos
o avanzar en círculos pequeños
esperando no haber sido advertidos,
aunque sin conocer en realidad
si somos observados en sigilo
y nos apuntan desde la espesura.
Cada minuto es por tanto una inminencia
constante de vivir o de caer
cegados por el fuego indiferente.
Y no vienen refuerzos. Ni amanece.

EL INDIFERENTE

Los he llamado a todos, uno a uno,
y nadie supo dar noticia exacta
de a dónde conducían sus esfuerzos.
Casi todos llenaban sus palabras
de balbuceos y silencios breves
tratando de esconder la confusión
con tímidos o torpes titubeos.
Los hijos, la faena, la obra, el quebradizo
concilio familiar, la perorata
colectiva o el sueño aún inalcanzado.
En eso, me dijeron, basaban sus afanes.
¿Y a ti?, me preguntaron en seguida,
¿en qué horizontes cifras tus propósitos?
Pensé en el mar, el mar del siglo quince,
el de Manrique, la inmensa extensión
que a todos nos iguala, el de Machado
cárdeno y silencioso en el ocaso,
el mar, el mar, y no pensar en nada.

MADRUGADA DEL PRIMER OTOÑO

In memoriam José Andújar

Feliz de haber recorrido la playa de noche,
la extensión desierta de la orilla
en una quieta madrugada de otoño.
El agua, tibia todavía. La luna
iluminando el vaivén sonoro de la espuma
sobre la arena lisa, húmeda y vacía.

Feliz de haber caminado a solas
junto a la multitud del oleaje
sobre el que unas cuantas barcas,
como aves blancas dormidas al raso,
cabeceaban cerca del bajío.

Feliz de haber mirado hacia la noche
y haberla visto clara, despejada, atenta
a sí misma tan sólo, y no a los hombres
ni a sus torpes asuntos consabidos.

Feliz también de ver cómo las olas
van borrando despacio

los pasos que han quedado atrás,
excepto los que aquí nos han traído,
hasta esta playa indiferente
a la fragilidad final de nuestra vida.

AL ACABAR UN AÑO

Detrás de ti no cunde ningún sueño
ni impulsa hacia adelante meta alguna:
estás aquí tan sólo y es bastante
para mostrar tu orgullo ante la nada.
Agradece los dones que dejaron
en tu alma los gozos y las pruebas
y piensa que eres tú el irrepetible
troquel en que ha cuajado esto que eres.
No te preguntes nunca más allá
de dos o tres sencillas cosas
y cierra el campo al arrepentimiento.
La voluntad de ser tú mismo te sostiene
y el ansia de ser digno ante los tuyos.

ÍNDICE

1. OTRA VEZ

15   Otra vez la poesía
16   La lectura
17   Nada importante
19   La mirada y las palabras
21   Lo que nunca he sabido
22   Recuerda
23   Nocturno en tamariu
24   *Falls The Shadow*

2. EL TELAR

27   El telar
28   Confesiones
29   No nos deteriora el tiempo
30   *Der Kessel*
31   Cuando a tu corazón vuelva la culpa
32   El sitio que nos llama
33   Las brasas
34   Una nota
35   De todo cuanto cae al corazón

3. CUANDO LLEGÓ LA TARDE

39   Tuve un sueño
40   Mecánica del sueño
41   Un hombre y una mujer

42   Nuestra vida jamás regresará
44   Canción de la distancia
45   De pronto vi a una mujer
46   Las gotas
47   Señales
48   Cuando llegó la tarde

4. LAS MORADAS

LA CASA

53   La casa vino a mí
54   Nuestra casa
56   El lujo
58   No quise
59   Alguien que espera

CIUDAD DEL SOL

63   El sol en las murallas
64   Ciudad del sol
65   Muralla de la alcazaba
66   Las ventanas abiertas
67   Vuelve otra vez la lluvia

5. EL INDIFERENTE

71   *Parva naturalia*
72   En el camino
73   La piel

75   Juego de espejos
76   Estrellas errantes
77   Aerotransportada
78   El indiferente
79   Madrugada del primer otoño
81   Al acabar un año

SONVMBULOS
EDICIONES